¡ABRE LOS OJOS Y APRENDE!

Artesanías

BLACKBIRCH®
PRESS

THOMSON
GALE

San Diego • Detroit • New York • San Francisco • Cleveland
New Haven, Conn. • Waterville, Maine • London • Munich

For more information, contact
The Gale Group, Inc.
27500 Drake Rd.
Farmington Hills, MI 48331-3535
Or you can visit our Internet site at http://www.gale.com

LIBRARY OF CONGRESS CATALOGING-IN-PUBLICATION DATA

Nathan, Emma.
  [Arts & crafts. Spanish]
  Artesanias / by Emma Nathan.
     p. cm. — (Eyeopeners series)
  Includes index.
  Summary: Introduces some of the crafts indigenous to various countries throughout the
world, including Javanese shadow puppets from Indonesia and Chinese calligraphy.
   ISBN 1-41030-025-0 (hardback : alk. paper)
   1. Handicraft—History—Juvenile literature. [1. Handicraft. 2. Spanish language
materials.] I. Title. II. Series: Nathan, Emma. Eyeopeners series. Spanish.

TT15 .N3817 2003
745—dc21   2002152578

CONTENIDO

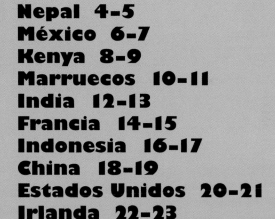

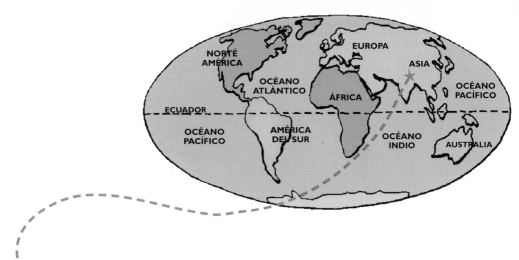

NEPAL

Nepal está en el continente asiático. Es un pequeño país entre India y China.

El pueblo de Nepal fabrica máscaras para festivales y celebraciones.

Las máscaras están hechas de cartón piedra (papel mascado).

Algunas máscaras se cuelgan de una pared para proteger el hogar de los espíritus malignos.

◀ **Máscaras**

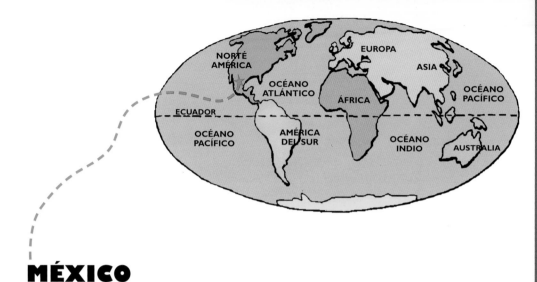

MÉXICO

México está en el continente norteamericano.

La gente hace alfarería en México desde tiempos muy remotos.

El barro de México es bueno para fabricar alfarería.

El barro de México puede ser de color naranja o rojo.

Una ciudad de México es famosa por su barro negro.

◀ **Alfarería**

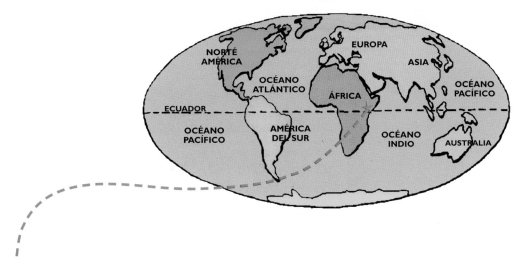

KENYA

Kenya está en el continente africano.

Algunos nativos de Kenya se llaman los Masai.

Las mujeres masai fabrican joyería.

Las mujeres hacen brazaletes, collares y otros adornos de cuentas.

Los hombres y las mujeres masai se ponen aretes en las orejas.

◀ **Collar**

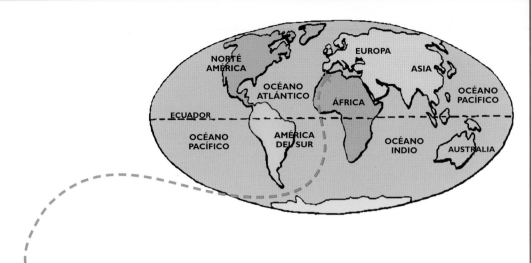

MARRUECOS

Marruecos está en el continente africano.

Marruecos está en el norte de África.

La mayoría de la población en Marruecos es musulmana.

Los musulmanes tienen la tradición de hacer hermosos mosaicos.

La ciudad de Fez es famosa por sus mosaicos, de una hermosura especial.

◀ **Fuente con mosaicos**

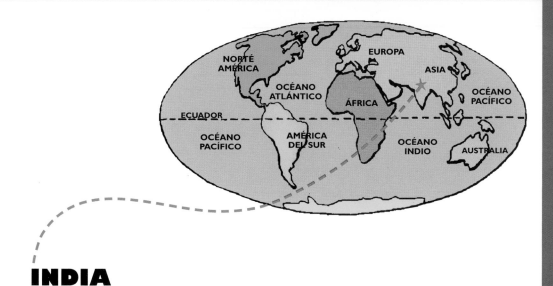

INDIA

India está en el continente asiático.

Henna es el arte de pintarse el cuerpo en la India.

La henna o alheña, es un tinte especial. Se usa para dibujar hermosos patrones y diseños en la piel.

Cuando las mujeres de la India se casan, se hacen diseños especiales con henna en las manos y los pies.

◀ **Diseños de henna**

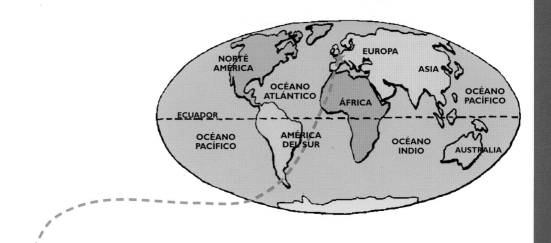

FRANCIA

Francia está en el continente europeo.

Francia es famosa por su alfarería de fina porcelana.

Porcelana es el tipo más duro de cerámica.

La porcelana se fabrica de modo que deje pasar la luz a través de ella.

Se usa la porcelana fina principalmente para vajillas y estatuas elegantes.

◀ **Cerámica**

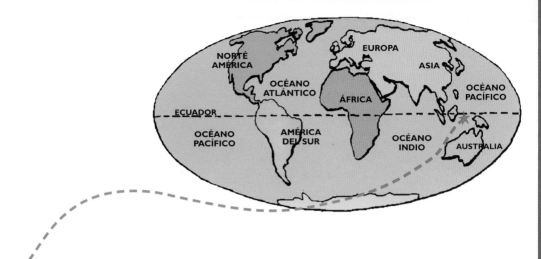

INDONESIA

Indonesia es parte de Asia.

Indonesia es una nación de más de 13,500 islas.

Una de las islas más grandes de Indonesia es Java.

En Java, se hacen títeres especiales para una función especial.

Los títeres actúan detrás de una pantalla, de modo que sólo se les ve la sombra.

◀ Títeres

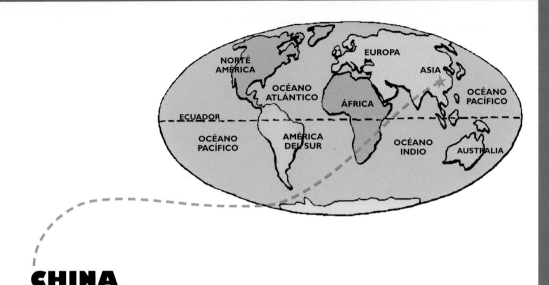

CHINA

China está en el continente asiático.

Una de las artes más antiguas de China es un tipo de pintura llamada caligrafía.

Caligrafía es el arte de escribir palabras.

Los artistas chinos usan un pincel llamado *pi*.
Lo mojan en tinta llamada *mo*. La mayoría de los artistas pintan sobre papel de arroz o sobre seda.

◄ **Caligrafía**

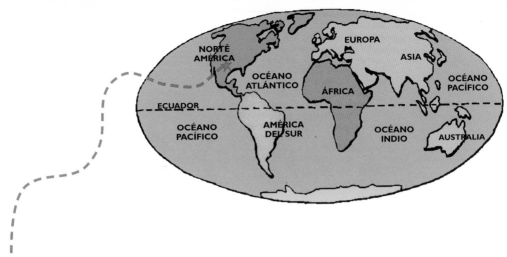

ESTADOS UNIDOS

Estados Unidos está en el continente norteamericano.

Muchos grupos de norteamericanos nativos viven en Estados Unidos.

Un grupo de norteamericanos nativos son los Navajos.

Los Navajos son famosos por el tejido de mantas y alfombras.

Las mantas y alfombras navajos tienen hermosos patrones y colores. Muchas están hechas de lana de oveja.

◀ Tejiendo una manta navajo

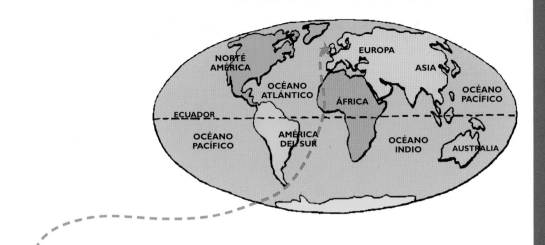

IRLANDA

Irlanda es parte del continente europeo.

Irlanda es una nación isleña con muchas verdes colinas y pastizales.

Las ovejas se encuentran por toda Irlanda. Les proveen de lana a las personas que tejen.

La lana irlandesa es famosa en todo el mundo. Muchas personas compran calcetines, sombreros y suéteres hechos de lana irlandesa.

◀ **Hilando lana para tejer**

ÍNDICE

PARA MÁS INFORMACIÓN

Direcciones de Internet

Artesanía
http://www.rainfall.com/crafts

Metropolitan Museum of Art
http://www.metmuseum.org

Tejedores de trigo del mundo
http://www.geocities.com/Heartland/Plains/4565

Libros
Braman, Arlette N. *Kids Around the World Create! The Best Crafts and Activities from Many Lands. New York:* John Wiley & Sons, 1999.

Stull, Katherine. *Hands on Crafts for Kids: Crafts Around the World.* Katherine A. Stull, Inc., 1998.

Terzian, Alexandra M. *The Kids' Multicultural Art Book: Art & Craft Experiences from Around the World. Charlotte, VT:* Williamson Publishing, 1993.